浜内千波の21時からの遅ごはん

浜内千波の 21時からの 遅ごはん

contents

4　ようこそ浜内家の「遅ごはん」に！
6　あっという間の Chinamism クッキング
これが今夜の４品です。
お湯かけサラダ・豆腐とトウミョウの炒め物
ひじきとソーセージの煮物・たっぷり元気サラダ
8　シンプルな食材でしょ。
でも、このなかに Chinamism がいっぱい。
10　これだけで４品作るの？　調理道具は３つだけ
そう、「遅ごはん」は道具と食器を少なくね。
食器は“たっぷり”感を
12　おまちどおさま！　さぁ、作りますよ。

column

ここにも Chinamism ！
これがあるから遅ごはんも楽しい！
64　＊ナッツ・豆・ごま　遅ごはんにおすすめの一品！ピリッとアーモンド
74　＊乳製品　遅ごはんにおすすめの一品！牛乳チーズ
82　＊ハーブ・スパイス
92　＊週末に時間ができたら、保存食作り！
94　浜内家のらくらく食材たち

この本のルール

1カップ＝200cc、200ml
大さじ1＝15cc、15ml
小さじ1＝5cc、5ml
電子レンジは、600wを使用しています。
オーブントースターは、1200wを使用しています。
＊器具の熱量により、調理時間は少し長め、短めなど調整をしてください。
＊水溶き片栗粉は、基本的に片栗粉1：水2の割合です。
＊カロリーは一人分の表記です。

PART 1
おりこうな食材たちでクッキング
>>20-65

22 **旨味食材を使う**
24 切り昆布………切り昆布のさっと煮・切り昆布とチンゲン菜のミルク煮
26 乾燥わかめ……わかめのぱぱっと煮・わかめ入り卵焼き・ホットサラダ
28 かつお節………かぼちゃの塩煮ごま混ぜ・豆腐のかつお節まぶし焼き
30 さきいか………さきいか入り具だくさん汁・さきいかとブロッコリーの煮物
32 魚介……………あさりとトマトのレンジ蒸し・桜えびときゅうりの炒め物

34 **スピード食材を使う**
36 プチトマト……プチトマト入りもやし炒め・プチトマトとチーズのオーブントースター焼き
38 切り干し大根…切り干し大根と切り昆布の煮物
39 きのこ…………えのきだけのオイスター煮・きのこたちとベーコンの蒸し焼き
40 にら……………かんたんにら玉・にらとしめじのホイル蒸し
42 豆腐……………厚揚げのこんがりステーキ・れんこん豆腐
44 豚肉･挽き肉 …豚肉と野菜の蒸し焼き・レタスの塩そぼろ炒め
46 鶏肉･ベーコン…チキンのこんがりかりっと焼き・アスパラガスとベーコンのピーラーレンジ
48 切り身･いか …さけと玉ねぎのホイル焼き･いかのしょうゆ焼き

50 **買い置き食材で作る**
52 缶詰……………鶏手羽と大豆のさっぱり煮・ツナ缶でレンジシュウマイ
54 のり……………のりのあんかけ・のりの炒め物・かんたん韓国のり
56 高野豆腐………高野豆腐と切り昆布の煮物
納豆……………豚しゃぶ 納豆たれ・中華風納豆のサラダ
58 キャベツ………キャベツとわかめの蒸し煮・キャベツ炒めかつお節たっぷりのせ
60 じゃがいも……じゃがいものガレット卵のせ・レンジじゃがいもとツナ缶サラダ
62 玉ねぎ…………輪切り玉ねぎのこんがりステーキ・玉ねぎと魚の甘酢でさっぱり

PART 2
明日が元気！酵素いっぱいレシピ
>>66-75

68 なんちゃって韓国風サラダ
69 ごぼうの生サラダ・魚肉ソーセージと玉ねぎのサラダ
70 魚の刺身和え みそ風味
71 水菜の塩昆布もみ・さきいかと大根のもみもみ
72 豪華な奴
73 牛乳スープ･にんじんと絹ごし豆腐のポタージュ

PART 3
手間なし！ひと鍋クッキング
>>76-83

77 ちくわと大根の煮物
78 ぷるるん豆腐のなめこ煮
79 もやしと厚揚げの炒め煮
80 白菜と豚肉のあつあつ蒸し煮
81 鶏肉とじゃがいものトマト煮

PART 4
安心の超低カロリー主菜食
>>84-95

85 わかめ入り炒飯
86 ごはんのカレー炒め
87 サラダずし
88 ねばねば系の集合丼
さきいか入りつゆ素麺
90 にらたっぷりビーフン
91 キャベツとブロッコリーのツナパスタ
マカロニシチュー

ただいまぁ～。
さぁ、ごはんにしましょう。

ようこそ
浜内家の
「遅ごはん」に！

今日もお疲れ様でした。ちょっと遅くなってしまいましたね。
これからご飯の支度、大変ですね。
わが家も、仕事がらいつも食事は遅い時間にスタートします。
でも、家族のため、自分のために、
食事はとっても大切ですから、きちんと作ります。

皆さんの悩みは、遅い時間に食べたら太るし、疲れていて何品も作れない、
ということではありませんか？
そう、明日のことを考えたら、早く休みたいですよね。
でも大丈夫、これから浜内家の「遅ごはん」をご紹介します。
びっくりするほど、素早く作れて、後片付けも簡単、
なのに、明日が元気になる栄養がたっぷりで、
思わず「おいしい」という声が出るレシピです。
もちろん、遅い時間に食べても太りませんよ。

忙しくても、健康的で活力ある日々をおくるための
「遅ごはん」にはちょっとしたノウハウがあります。
それがChinamism（ちなみズム）クッキング。
さぁ、今夜もおいしい食卓を楽しく作りましょ！

ひじきとソーセージの煮物

豆腐とトウミョウの炒め物

お湯かけサラダ

これが今夜の4品です。

わが家の遅ごはんは、だいたい4品作ります。まず、食卓にすぐ出せる1品、
野菜をたっぷりとるための2品、そしてメインディッシュの1品です。
もちろん、その日によって2品でも、3品でもかまいませんね。
そこでポイントはテーブルセッティング。
食卓の演出は、心にも栄養をあげるための大事なレシピなんです。

あっという間の Chinamism クッキング

たっぷり元気サラダ

1 旨味食材で幸せの味に！

旨味は、主にアミノ酸であるグルタミン酸、イノシン酸がその代表格ですが、その他にアスパラギン酸、グアニル酸、コハク酸などがあります（旨味と食材のリスト→ P9）。このような旨味が含まれている食材を使うと、人が幸せを感じる味になります。これが「おいしい！」を引き出す秘訣です。

2 野菜の酵素を利用して！

旨味食材は、疲れをとってくれる食材でもありますが、もうひとつ注目してほしいのが、野菜に含まれている「酵素」です。酵素は食べたものを消化して栄養にかえ、細胞を活性化してくれる力があるのです。ただし、加熱するとその力がなくなってしまいます。そこで、酵素を生かすのが Chinamism クッキングです。

3 とっても低カロリー

遅ごはんの大事な要素は、たっぷり食べても太らないこと。そこでわが家では野菜料理をいつも 2 品作ります。例えば「お湯かけサラダ」と「たっぷり元気サラダ」で多種類の野菜や果物をとることができますし、調理方法が違うので、飽きずに食べられます。もちろんメインディッシュの「ひじきとソーセージの煮物」にも野菜がたっぷりです。

4 調理道具も食器もたったこれだけ！

食事の後片付けは気が重いですよね。だから「料理は作りながら片付ける」のが理想。そのためには、調理道具と食器はできるだけ少なくしましょう。そんな工夫が、タイトな時間のなかでも気持ちに負担がかからずに料理できる秘訣です。おまけに、道具が少ないと、料理の動線がシンプルになって疲れません。

Chinamism

シンプルな食材でしょ。
でも、このなかに
Chinamism が
いっぱい。

レシピを考えるときに、材料の種類が多くならないようにするのも
遅ごはんを成功させるポイントです。
つい、この料理にはこの食材、あの料理にはあの食材を使ってと、
別々に考えてしまいがちです。
それでは、作業がどんどん増えてしまいます。
それは調味料も同じ。油はできるだけ使わなければ低カロリーにつながります。

レシピ別材料

○お湯かけサラダ
にら　1束
玉ねぎ　1/2個
キャベツ（小）　1/2個
生ハム　4枚
市販のドレッシング　適量

○たっぷり元気サラダ
アボカド　1個
りんご　3/4個
レタス類　1個
塩・こしょう　適量
酢（レモンでもよい）　適量

○豆腐とトウミョウの炒め物
豆腐　1丁
トウミョウ　1パック
りんご　1/4個
酒　大さじ2
かつお節　5g
ごま　大さじ1
塩　小さじ1/2
こしょう　適量

○ひじきとソーセージの煮物
ひじき（乾燥）　10g
玉ねぎ　1/2個
キャベツ（小）　1/2個
ソーセージ　5本
トマトの水煮　1缶
塩　小さじ1/2
こしょう　適量
しょうゆ　適量

旨味成分とそれを含む主な食材

グルタミン酸………昆布　大豆　ごま　わかめ　白菜　トマト　アーモンド　たこ
イノシン酸…………ハム　豚肉　鶏肉　ツナ　かつお節　煮干し　あじ　さんま
グアニル酸…………きのこ　しいたけ　干ししいたけ
コハク酸……………肉　きのこ類　魚介類　ほたて貝柱などの貝類
アスパラギン酸　……大豆　納豆　豆腐　アスパラガス　しらす干し　もやし　など

Chinamism

これだけで 4品作るの？

調理道具は3つだけ

実はやかんも調理道具。
これでお湯を沸かすだけで1品できて、
おまけに洗わなくてもいいから大助かり。

フッ素加工した、少し深めのフライパンは
万能調理道具。
油を使わずに調理できるので
“太らない”“ヘルシー”には必須です。

そのまま食卓に出すことができるお鍋を持っていると
とっても便利。見た目にもリッチ感があって、
食卓が華やかになります。

食器は“たっぷり”感を

遅ごはんだからこそ野菜はたっぷり！
サラダボウルはこれくらい大きなものを。

片付けが楽になる食器を選びましょう。
シンプルで硬質な食器は、洗ったり、片付けたりするときに気をつかわずにすみます。

疲れた体には、盛り付けで見た目から
食欲を刺激してあげましょう。
ちまちまよりどーんと。

そう、
「遅ごはん」は
道具と食器を
少なくね。

おまちどおさま！ さぁ、作りますよ。

ひじきとソーセージの煮物

お湯かけサラダ

まずは、やかんで
お湯を沸かしておきます。

「え、お湯を沸かすの！」ってびっくりですか？　ここからもうChinamismクッキングが始まってますよ。

玉ねぎは薄切り（サラダ用）とくし形切り（煮物用）にします。

同じ材料を違う料理に使います。料理に合わせた切り方をして分けておきますよ。

3

ひじきを袋から取り出し、お湯で戻しておきます。

お湯で戻すので短時間で準備ができます。ボウルにはラップをしておきます。

4

にらはざく切りに、キャベツは1㎝幅くらい（サラダ用）とざく切り（煮物用）にします。

アンチエイジングの素、野菜はたっぷり使いましょう。これで料理の下ごしらえは、ほぼ終わりです！

5

薄切りにした玉ねぎとにら、約１㎝幅のキャベツをざるに入れ、熱湯をかけ回しボウルに入れておきます。ゆでないので野菜の酵素がたっぷり残ってます！

熱いので、トングを使って混ぜるといいですよ。ざるでしっかり湯切りをしておきましょう。

6

お湯で戻しておいたひじきを鍋に入れますよ。

まず水分のあるひじきを入れるので、油は引かなくて大丈夫。これも低カロリーの秘訣です。

7

ソーセージも入れます。

ソーセージはひじきの上に入れるのでこげつきません。材料を入れる順番を工夫すると手間とカロリーをカットできます。

8

くし形に切った玉ねぎと
ざく切りのキャベツを鍋に入れます。

玉ねぎもキャベツも、旨味をもつ食材です。このひと鍋に旨味が大集合！

9

トマトの水煮を入れます。こういう缶詰は、何種類か常備しておくと便利ですね。次にしょうゆを少々。

トマトは料理に合わせて使い分けますが、水煮の缶詰はすぐに使えるので、ストックしておくと便利ですよ。

10

フタをして、少し煮込みますよ。

たっぷり元気サラダ

豆腐とトウミョウの炒め物

ひじきとソーセージの煮物

11

次はサラダに取りかかりましょう。ボウルに水をたっぷり入れます。そこにレタス類をちぎって入れます。こうしておくとシャキッとして食感がよくなります。

遅ごはんは、ムダははぶきますが、逆にこのような手間は大切に。食感が違ってきますよ。

12

トウミョウを刻みます。

13

鍋で５分ほど煮たら様子を見ます。水分が出ていたらかき混ぜて、塩、こしょうで味を調えます。

鍋料理を１品入れると、煮詰める時間を利用して他の調理ができるので、やりくりが上手にできます。

14

フッ素加工のフライパンに豆腐を入れます。油はひきませんよ！
豆腐をへらでつぶします。

フッ素加工のフライパンはヘルシー生活には必須アイテムですね。

15

酒を加えます。

16

りんご1/4個を皮ごと切り分けます。

フライパンの上で、りんごをすりおろします。

このようにフライパンの上で作業すると、余計な道具を使わずにすみます。

17

1品目
できあがり！

刻んだトウミョウを入れ、
さらにかつお節とごまを混ぜ入れ塩、
こしょうで味を調えます。

器に盛り付けて、豆腐とトウミョウの炒め物のできあがりです。

これは一気に調理できる1品。
手早く作り上げて食卓へ。

18

ボウルの水につけておいたレタス類を水きりバスケットに入れ、よーく水気をきります。

わが家は野菜をたっぷりとるので、この水きりバスケットは必需品です。

遅ごはんでは、酵素をたっぷりとってね。
今日の疲れをとり、明日のパワーを作ってくれます。

たっぷり元気サラダ →　お湯かけサラダ →

ひじきとソーセージの煮物 →

19

りんごの残りをサラダボウルの上で、適当な大きさに切りながら入れます。

サラダも果物などは器に直接切り入れましょう。ここでも余分な道具を使いません。

20

アボカドは半分に切り、種を取って、スプーンですくってサラダに入れます。塩、こしょう、酢を混ぜてできあがり。

2品目
できあがり！

21

3品目
できあがり！

湯がけした野菜を器に盛りつけます。

生ハムを野菜に混ぜ込んでできあがりです。

野菜に生ハムを合わせることで、旨味がぐんとアップします。
お好みのドレッシングをかけてもいいですよ。

ひじきとソーセージの煮物

22

4品目
できあがり！

さあ、鍋の具合はどうでしょう？

火を止めて、塩、こしょうで味を調えたら、ひじきとソーセージの煮物も完成です。

23

料理の進行具合を見はからって、ダイニングでは主人が食卓のセッティングです。

食後のひとときには、庭でとれたフレッシュハーブティーを。マロウティーはレモンを絞るとブルーからピンクに！こんな演出も心を和ませてくれます。

ごちそうさまの後は
おいしいお茶をゆっくりいただきます。

浜内家では、どんなに簡単な料理でも、
きちんとテーブルセッティングをします。
そうすることで、ゆたかな気持ちで食事ができます。
それも遅ごはんを楽しむコツですね。

Part 1

おりこうな食材たちでクッキング

1 旨 味 食 材 で

食材自身から、旨味たっぷりのだしが
出てくるものが主役です。

→ 22-33 p

>>>Chinamism

さあ、遅ごはんを作りましょう。
私は使う材料を右のように分けて、
「おりこう食材」と呼んでいます。
この三つを上手に組み合わせれば、
短時間でいくつもの料理ができちゃいます。

2 スピード調理食材で

とにかく手間がかからないこと。
これこそ短時間調理のいちばんの条件です。

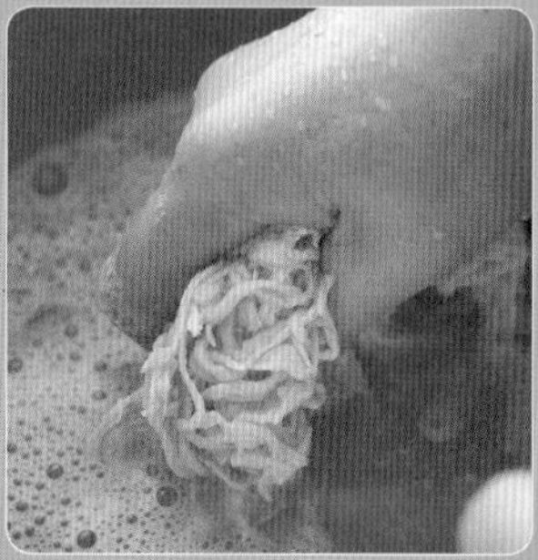

→ 34-49p

3 買 い 置 き 食 材 で

お買い得なときに買っておくと、
いざというときの強力なヘルパーになります。

→ 50-65p

Chinamism

1 旨味食材を使う

だしをとりながら、具にもなるというダブルで効果のある食材を使います。だしは、大きく動物性と植物性に分けられ、前者は乾物の煮干しやかつお節、後者は昆布やしいたけが代表的です。この二つのだしを組み合わせると、だし成分のダブル効果で、味わいはさらに倍増します。

上手な生かし方

材料＝だしと考えて使う

だしの食材を捨ててしまうのは、もったいないこと。栄養的にも食物繊維やカルシウム、ミネラルなどが豊富なものばかりです。そのまま具のひとつと考えれば、だしをとる手間、食材を加えて調理する時間がはぶけます。

生鮮食材は調理しながら旨味を引き出す

魚介や肉類のエキスは、旨味の宝庫。もちろん、きのこやトマト、白菜、ブロッコリー、ねぎ類など野菜にも含まれます。特別にだしをとらなくても、食材としてそのまま使えば十分においしい料理になります。

乾物は細かくして旨味を出しやすく

食材を乾燥させると旨味はぎゅうっと凝縮されます。そのときに組織が壊れるので、再び戻すと旨味が出やすい状態になります。使うときには細かくさいたり切ったりすると、旨味の抽出時間が早まります。また保存の場合も同じように、細かくして冷凍保存しておくと、解凍時に組織が再び壊れてさらに旨味が出てきます。

おすすめの食材

生鮮
seafood

あさり

ほたて貝

乾物
dry foods

かつお節（けずり節）

切り昆布

乾燥わかめ

さきいか

切り昆布のさっと煮

＊＊＊209kcal

材料（２人分）

切り昆布……… 5g
さつま揚げ…… ４枚
大根…………… 400 g
にんじん……… 50 g
A　｜水…２カップ
　　｜しょうゆ…大さじ２
　　｜みりん…大さじ２
水溶き片栗粉… 大さじ１
あれば大根の葉　少々

作り方

1　にんじんは輪切り、大根は斜め半月切りにする。
2　鍋に、切り昆布とさつま揚げ、１の野菜とＡを加えて中火で約 10 分間煮る。仕上げに水溶き片栗粉を回し入れる。
3　器に盛り、大根の葉の小口切りをあしらう。

切り昆布とチンゲン菜のミルク煮

＊＊＊111kcal

材料（２人分）

切り昆布……… 2g
チンゲン菜…… ２株
ハム…………… ２枚
水……………… １カップ
牛乳…………… １カップ
塩……………… 小さじ 1/3
水溶き片栗粉… 大さじ１

作り方

1　チンゲン菜は１枚ずつ葉をはがし、ハムはひと口大に切る。
2　鍋に水と切り昆布を入れ、ひと煮立ちさせ、中火にしてチンゲン菜を加えて火を通す。
3　ハムを入れ、牛乳と塩を加えて軽く煮て、水溶き片栗粉でとろみをつける。

切り昆布

すでに刻んである切り昆布は、そのまま料理に加えれば短時間でだしもとれるんです

乾燥わかめ

戻りながらだしが出てくる乾燥わかめは、
深みのある味とともに、鮮やかな色味が楽しめます

わかめのぱぱっと煮

＊＊＊85kcal

材料（２人分）

乾燥わかめ………3g
小松菜……………100 g
えのきたけ………1 束
卵…………………2 個
水…………………1 カップ
しょうゆ…………大さじ 1

作り方

1 小松菜とえのきたけは、根元を切ってざく切りにする。
2 鍋で水をひと煮立ちさせ、1 とわかめを加えて中火で煮る。わかめが開いたら、しょうゆで調味する。
3 仕上げに溶き卵を流し入れる。

わかめ入り卵焼き

＊＊＊85kcal

材料（２人分）

乾燥わかめ………3g
卵…………………4 個
水…………………大さじ 4
砂糖………………大さじ 1
サラダ油…………大さじ 1

作り方

1 水にわかめを、約２分間つける。
2 １に卵を割り入れて混ぜ、砂糖を加えて混ぜる。
3 卵焼き器にサラダ油を敷き、卵液を流し入れて厚焼き玉子に仕上げる。

＊ Recipe Point ＊

浜内流卵焼きは、巻かずに二つ折り！　だから失敗しません。

① 熱した卵焼き器に薄く油を敷き、弱火にして半量の卵液を流す。半熟になったら、向こう側から手前に半分に返す。
② ①を向こう側に移動し、残りの卵液を加える。すでに焼けている部分を持ち上げ、下にも流し入れる。
③ 半熟状になったら、手前に向かってもう一度半分に返し、形を整える。

ホットサラダ

＊＊＊142kcal

材料（２人分）

木綿豆腐………1 丁
乾燥わかめ……3g
にんじん………40g
むきえび………100g
レタス…………100g
小松菜…………50g
好みのノンオイルドレッシング（市販品）…適量

作り方

1 にんじんは薄い輪切り、小松菜はざく切りにし、レタスはちぎる。えびは背ワタを除く。
2 耐熱皿に乾燥わかめを敷き、上に木綿豆腐をちぎりながらのせる。
3 まわりに１の野菜とえびを置き、ラップをかけて電子レンジで約４分間加熱する。
4 全体をざっくり混ぜ、ドレッシングをかける。

かつお節

和風だしの基本かつお節は、けずっても旨味が豊富なことにかわりなし。食材としてもこまめに使いましょう

かぼちゃの塩煮ごま混ぜ

＊＊＊237kcal

材料（２人分）

かぼちゃ………450g
塩………………小さじ 1/2
かつお節………3g
ごま……………大さじ 1
こしょう………適量

作り方

1 かぼちゃをひと口大に切り、塩をまぶす。
2 ラップをかけて、電子レンジで約６分間加熱する。
3 熱いうちに器に盛り、かつお節、ごま、こしょうをふって混ぜ合わせる。

豆腐のかつお節まぶし焼き

＊＊＊209kcal

材料（２人分）

木綿豆腐………1丁

かつお節………10g

サラダ油………大さじ１

A　大根おろし…200g
　　しょうがのみじん切り…１片分
　　青じその粗みじん切り…４枚分

しょうゆ………大さじ１

作り方

1　木綿豆腐を約 1cm 厚さに切り、かつお節を全体にまぶす。

2　フライパンにサラダ油を熱し、中火で１の豆腐の両面をこんがりと焼いて皿に盛る。

3　合わせたAを添え、しょうゆをかける。

さきいか

さきいかは、いかを干して旨味を凝縮しているので、
煮物や汁物に入れれば、だしがわりになります

さきいか入り具だくさん汁

＊＊＊88kcal

材料（２人分）

さきいか………5g
にんじん………1/3 本
じゃがいも……１個
長ねぎ…………5cm
しいたけ………４枚
水………………２カップ
みそ……………大さじ２

作り方

1　にんじん、じゃがいも、しいたけはひと口大に切る。
2　鍋に１、さきいか、水を入れ、中火で火を通す。
3　みそを溶き入れ、小口切りのねぎを散らす。

さきいかとブロッコリーの煮物

＊＊＊88kcal

材料（２人分）

さきいか………10g
玉ねぎ…………1/2 個
ブロッコリー…１株
水………………１＋１/２カップ
塩………………小さじ１/２強
こしょう………少々
水溶き片栗粉…大さじ２

作り方

1　玉ねぎはざく切り、ブロッコリーを小房に分け、茎は輪切りにする。
2　鍋にさきいか、玉ねぎ、水を入れ、中火でひと煮立ちさせる。
3　ブロッコリーを加えてさっと煮て、塩、こしょうで調味する。水溶き片栗粉でとろみをつける。

魚介

遅い時間の調理は、主材料の魚介類も「具＝即だし」という発想を忘れずに選びましょう

あさりとトマトのレンジ蒸し

＊＊＊85kcal

材料（２人分）

あさり…………………1 パック
トマト…………………1 個
玉ねぎ…………………20g
A　白ワイン…大さじ２
　　塩・こしょう…各少々
イタリアンパセリ（乾燥）…適量

作り方

1　あさりは、殻をこすり合わせてしっかりと洗う。トマトはざく切り、玉ねぎはみじん切りにする。
2　あさり、トマト、玉ねぎを器に入れ、A をふる。
3　ラップをかけて電子レンジで約４～５分間加熱。あさりの位置をかえながら、均一に加熱する。イタリアンパセリをふりかける。

桜えびときゅうりの炒め物

＊＊＊49kcal

材料（２人分）

干し桜えび……5g
きゅうり………２本
ごま油…………小さじ１
酒………………大さじ１
塩………………1g
黒こしょう……適量

作り方

1　きゅうりは縦半分に切り、手で体重をかけてつぶしてから少し長めに切る。
2　フライパンにごま油を入れ、桜えびの香りを出すように炒める。
3　１のきゅうりを加え、少し強めの火で炒める。酒、塩、黒こしょうをふり、味を調える。

>>>Chinamism

2 スピード食材を使う

食材は、包丁を使わないで下準備ができる、火にかけずにすむ、火にかけても短い時間で完成する、というのが理想的です。同じ味わいの食材なら、まずは切る手間が少ないものを選びましょう。手も大切な道具ですから、葉野菜は大胆にちぎってしまいます。また余分な水分が調味のじゃまになる場合は、水気をしっかり除いてから使います。

上手な生かし方

切る手間がいらないものを

最初からミニサイズのもの、切らずにちぎったりほぐしたりして、そのまま使えるものを選びます。じゃがいもやにんじんなど、普段、皮をむいているものも、思い切って皮ごと調理すると、今までにない食感に出合えることが結構あるものです。

使い回しの利く食材を選ぶ

忙しくて毎日買い物に行けないわが家では、週一度まとめ買いをします。そしていたみの早い素材から、できるだけ早く使い切るようにしています。そうなると、一つの食材から何種類もの料理を作ることになります。これがムダがなく、とても経済的なんです。

火の通りが早いものを選ぶ

遅ごはんこそ、できるだけ早く食べたいもの。それにはプロセスが少なく、短時間で調理が完了することが、大切なポイントです。切る場合もできるだけカット面を大きくし、加熱が早いように工夫しましょう。火加減を気にしない調理法も、時間を有効利用できます。

おすすめの食材

野菜
vegetables

プチトマト

きのこ（しめじ・えのきたけ）

にら

切り干し大根

加工食品
processed foods

豆腐

ベーコン

プチトマト
切らずにそのまま使えるのが、いちばんの魅力。火にかけるとあふれ出るジュースも立派な調味料です

プチトマト入りもやし炒め

＊＊＊ 111kcal

材料（2人分）

プチトマト……………………………… 1パック
もやし…………………………………… 1袋
塩、こしょう………………………… 各小さじ 1/4
サラダ油……………………………… 大さじ 1
スライスアーモンド（ロースト）… 5g

作り方

1 フライパンにサラダ油とヘタを取ったプチトマトを入れ、中火で炒めながらつぶす。
2 もやしを加えて炒め合わせ、塩、こしょうで味を調えてアーモンドを散らす。

プチトマトとチーズの オーブントースター焼き

＊＊＊70kcal

材料（２人分）

プチトマト……１パック

粉チーズ………大さじ２

塩、こしょう…各少々

オリーブ油……適量

作り方

1　プチトマトは、ヘタを取って半分に切る。クッキングシートに並べ、全体に粉チーズ、塩、こしょうをふる。

2　天板にのせ、オーブントースターで約５分間かけてこんがりと焼く。

3　仕上げにオリーブ油を回しかける。

切り干し大根

切り干し大根はしっかりもんで
水分を十分吸わせれば、短時間で
戻って味もしみ込みやすくなります

＊ Recipe Point ＊

切り干し大根は、もんで使う

①切り干し大根は一度水洗いし、日向臭さを除く。分量の水を入れ、ぎゅうぎゅう力を入れてもむ。

②十分に水を含ませてやわらかくするとともに、水分に旨味と甘味を抽出する。切り干し大根の苦味は、酢を加えることで解消。

③汁ごと鍋に移し、切り昆布を合わせれば旨味のダブル効果に！フタをしないで煮るので、煮汁は少なくなる。

切り干し大根と切り昆布の煮物

＊＊＊76kcal

材料（2人分）

切り干し大根…30g
切り昆布………5g
ピーナッツ（無塩） 20g
水………………2カップ
酢………………小さじ1
しょうゆ………大さじ1
粒さんしょう…適量

作り方

1 切り干し大根は、きれいに洗う。さらに2カップの水で、水分がしみ込むようしっかりともむ。

2 鍋に1を水ごと入れ、皮をむいたピーナッツ、切り昆布、酢を加える。

3 沸騰したらしょうゆを入れ、中火で煮込む。仕上げに粒さんしょうを加え、さっと煮る。

きのこ

きのこは低カロリー+だしを含む便利食材。短時間で仕上げるには、小房に分けられるものを選ぶことが大切です

1分cook

えのきたけのオイスター煮

＊＊＊ 72kcal

材料（2人分）

えのきたけ……200g

A
- しょうゆ…大さじ1
- オイスターソース…大さじ1/2
- 砂糖…小さじ1
- 水…1カップ

ごま油…………小さじ1

水溶き片栗粉…大さじ1

水菜……………50g

作り方

1 えのきたけは、根元を切って少し大きめに分ける。水菜はざく切りにする。

2 鍋でAを混ぜ合わせ、えのきたけを加えてさっと煮る。

3 水溶き片栗粉でとじ、ごま油を回しかけて火から下ろす。皿に盛り、水菜を添える。

きのこたちとベーコンの蒸し焼き

＊＊＊ 113kcal

材料（2人分）

エリンギ、しめじなど…合わせて200g

ベーコン…………………2枚

白ワイン…………………大さじ2

塩、こしょう、黒こしょう…各少々

作り方

1 エリンギは、食べやすい大きさに縦にさく。しめじは根元を切って小房に分ける。

2 ベーコンをちぎり、フライパンに入れてゆっくり熱して脂を出す。

3 きのこに白ワインをまぶし、2に加えて中火で炒め、塩、こしょうで味を調える。仕上げに黒こしょうをふる。

にら

にらは意外にどんな食材とも相性よし！
料理の主役にも隠し味にもなります

かんたんにら玉

＊＊＊311kcal

材料（２人分）

卵………………4個
にら……………1束
豚挽き肉………100g
塩………………小さじ1/3

A	トマトケチャップ…大さじ2
	水…1/2カップ
	塩・こしょう…各少々

水溶き片栗粉… 大さじ1

作り方

1 にらを細かく刻む。
2 溶き卵ににら、塩を入れて混ぜる。
3 フライパンに挽き肉を入れ、強めの中火でパラパラになるまで炒り、2を流し入れる。かき混ぜながら半熟状にし、皿に取り出す。
4 フライパンにAを入れ、混ざったら水溶き片栗粉でとろみをつけて2にかける。

にらとしめじのホイル蒸し

＊＊＊209kcal

材料（２人分）

にら…………………………………1束
しめじ………………………………100g
酒……………………………………大さじ1
塩、こしょう………………………各少々
粉チーズ……………………………小さじ1
オリーブ油、黒こしょう………各適量

作り方

1 にらはざく切り、しめじは根元を切ってほぐす。
2 それぞれアルミホイルにのせ、酒、塩、こしょう、粉チーズを順にふる。
3 アルミホイルの端を合わせてしっかりと閉じ、オーブントースターで約8分間蒸し焼きにする。
4 仕上げに黒こしょうをふって、オリーブ油をかける。

＊ Recipe Point ＊

安価で、幅広い料理に使えて便利な食材だが、あまり日持ちはしない。濡らした新聞紙に包み、冷蔵庫の野菜室に入れておけば、数日間は新鮮な味が楽しめる。

豆腐

そのままでもおいしい豆腐などの大豆製品は、低カロリーながら腹持ちがよいおりこう食品ですね

厚揚げのこんがりステーキ

＊＊＊306kcal

材料（２人分）

厚揚げ…………２枚

A
- 長ねぎ…5cm
- しょうが…１片
- みそ…大さじ１
- かつお節…3g

マヨネーズ……大さじ２

水………………小さじ２

作り方

1 厚揚げをアルミホイルを敷いたオーブントースターに入れ、約５分間かけて両面をこんがりと焼く。

2 Ａのねぎとしょうがはみじん切りにし、みそ、かつお節と混ぜ合わせる。

3 １の厚揚げに２を塗り、再びオーブントースターで約３分間焼く。

4 マヨネーズを水で溶き、焼き上がりにかける。

れんこん豆腐

＊＊＊306kcal

材料（２人分）

れんこん………200g

木綿豆腐………１丁

ごま……………大さじ１

Ａ　片栗粉…大さじ２

　　塩…小さじ1/3

　　こしょう…適量

　　マヨネーズ…大さじ２

しょうゆ………適量

作り方

1　れんこんは皮ごとラップで包み、電子レンジで約４分間加熱する。

2　れんこんをおろし金ですりおろし、豆腐、ごま、Ａを混ぜ合わせる。

3　皿に平らに入れ、ラップをして再び電子レンジで約３分間加熱する。食べる直前にしょうゆをかける。

豚肉・挽き肉

肉は最初にゆでたり焼いたりして、
余分な脂を出してから調理するとカロリーダウンに

豚肉と野菜の蒸し焼き

＊＊＊118kcal

材料（２人分）

豚バラ薄切り肉…100g
にんじん…………50g
玉ねぎ……………１個
セロリ……………１本
塩、こしょう……各適量

作り方

1 野菜は薄切りにし、豚肉は食べやすい大きさに切る。
2 熱したフライパンに豚肉を入れ、弱めの中火でしっかり焼いて脂を出す。
3 一度脂を拭き取ってから１の野菜をのせ、フタをして約２分間蒸し焼きにする。
4 フタを開けて全体を炒め合わせ、塩、こしょうをふって味を調える。

＊ Recipe Point ＊

肉は面倒でも、１枚ずつラップにはさみ、さらに密閉できるファスナー付きのストックバッグなどに入れて冷凍庫へ。こうしておくと酸化しにくく、臭い移りもなし。何より、必要な分量だけ使えて便利。

レタスの塩そぼろ炒め

＊＊＊311kcal

材料（２人分）

レタス…………１個
塩そぼろ………大さじ４
サラダ油………小さじ１

作り方

1 レタスは芯の部分をはずし、少し大きめにちぎる。
2 フライパンに、サラダ油と塩そぼろを入れて炒める。
3 レタスを加え、強めの中火で炒め合わせる。

Chinami's Special Recipe

塩そぼろ

合挽き肉…………………200 g
玉ねぎのみじん切り……20g
A（酒大さじ２、塩小さじ 2/3、砂糖大さじ 1/2）

1 合挽き肉をざるに入れて熱湯で洗い、水気をきる。
2 フライパンに挽き肉、玉ねぎとAを入れ、汁気がなくなるまで炒りつける。
3 大きめの密閉容器に入れて冷まし、粗熱が取れたら冷凍庫に入れる。２時間くらいたったら、一度取り出して振っておくと固まらずバラバラの状態に。使い終わったら、すぐに冷凍庫に戻すこと。

鶏肉・
ベーコン

どうしても油が必要な料理は、素材の持っている油脂を利用します。多ければ拭き取ってくださいね

チキンのこんがりかりっと焼き

* * * 311 kcal

材料（2人分）

鶏もも肉………350g
水菜……………30g
塩………………小さじ 1/2 強
こしょう………適量
レモン…………適量

作り方

1 鶏もも肉に塩、こしょうをふっておく。水菜はざく切りにする。
2 フライパンに鶏肉を皮目から入れ、中火で重しをして焼く。皮目がきつね色になったらひっくり返し、こんがりと焼いて中まで火を通す。
3 皿に水菜を敷き、適当な大きさに切った2の鶏肉をのせる。好みでレモンを絞る。

P
* Recipe Point *
重しは、鶏肉の上に皿を敷き、その上に皿を重ねたり、やかんに水を入れて置くとよい。重しは2kg程度がベスト。

1分cook

アスパラガスとベーコンのピーラーレンジ

＊＊＊92kcal

材料（２人分）

グリーンアスパラガス…1束
ベーコン…………………２枚
塩、こしょう……………適量

作り方

1 アスパラガスは根元を切ってピーラーで薄く削ぎ、皿にのせて塩、こしょうをふる。
2 ベーコンは手でさき、アスパラガスにのせる。
3 ラップをかけ、電子レンジで約１分間加熱する。

＊ Recipe Point ＊

使い方を覚えてしまえば、下処理がとっても早くなるピーラー。本来の目的は皮むきだが、これでどんどんスライスしていけば、苦手な人でもあっという間に薄切りが完成。使うときは、材料をしっかり押さえ、ピーラーを動かすこと。

切り身・いか

遅ごはんの海の幸は、下処理がいらない切り身や干物、火が通りやすいいかなどがおすすめです

さけと玉ねぎのホイル焼き

＊＊＊223kcal

材料（2人分）

さけの切り身……2切れ
玉ねぎ……………1個
じゃがいも………1個
A　酒…大さじ2
　　塩・こしょう…各適量
塩、黒こしょう…各少々
レモン……………適量

作り方

1　玉ねぎは薄切りにし、じゃがいもは食べやすい大きさに切る。
2　アルミホイルに半量の玉ねぎ、さけ1切れをのせてAの半量をふる。同じものをもう一つ作る。
3　アルミホイルの口を閉じ、オーブントースターで5～6分間焼く。
4　じゃがいもはレンジにラップなしで熱を通し、約5～6分。半分に切り、黒こしょう、塩各少々をふる。
5　3を皿に盛り、4のじゃがいもとレモンを添える。

＊ Recipe Point ＊

魚は新鮮なうちに、急速冷凍で保存する。表面の余分な水分を拭き取ってから、ラップで1切れ（1尾）ずつきっちり包み、さらに密閉できるファスナー付きのストックバッグなどに入れて冷凍庫へ。一尾魚の場合は、必ず内臓を取ってから。

いかのしょうゆ焼き

＊＊＊113kcal

材料（2人分）

いか…………1ぱい
玉ねぎ………1/2個
しょうゆ……大さじ1
七味唐辛子…適量

作り方

1　いかは内臓や目、クチバシを取り除く。胴の部分は輪切り、エンペラや足は適当な大きさに切る。
2　玉ねぎは薄切りにする。
3　いかに玉ねぎをのせ、アルミホイルをケースにしてオーブントースターで約5分間焼く。器に盛り、しょうゆと七味唐辛子をかける。

Chinamism

3 買い置き食材で作る

その昔、乾物や日持ちのする野菜は、日本人にとって大切な栄養源でした。今では流通がよくなり、どこでも同じように食材が新鮮な状態で手に入るため忘れがちですが、遅ごはんには心強い存在です。保存が利くので、スーパーが閉まっても安心というわけ。賢く使いこなすと時間短縮もできます。

上手な生かし方

手が届く場所に常備

乾物は、軽量で場所をとらないものが多いので、しまい込んで忘れてしまいがちです。そこで、調味料などと同じように、目につきやすい場所にストックしておくと、料理にいつでも使えます。

スピード調理を考える

乾物を戻すときは、その手間を他のプロセスと組み合わせてしまいましょう。例えば、水分の多い豆腐と乾燥わかめを一緒に電子レンジにかけると、豆腐の水分でわかめが戻り、同時に豆腐の水切りもできてしまいます。また缶詰の汁も調味料として活用してみてください。

適材適所で保存

せっかくの乾物や野菜も、保存法や保存場所を間違えるとおいしさが半減し、いたみやすくなります。乾物は、できるだけ冷暗で風通しのよい場所に置き、使い切らない場合は、きちんと密閉します。根菜は冷暗所か冷蔵庫の野菜室、キャベツは濡れた新聞紙に包んで冷蔵保存します。

お す す め の 食 材

缶詰・乾物

canned foods
dry foods

缶詰（ツナ・ほたての貝柱）

高野豆腐

のり

野　　菜

vegetables

じゃがいも

玉ねぎ

キャベツ

缶詰

缶詰は加熱も短時間ですむので、まさに遅ごはん向き。缶汁には旨味が多く含まれているので、料理に加えてもいいですね

鶏手羽と大豆のさっぱり煮

＊＊＊348kcal

材料（２人分）

鶏手羽…………6本

水煮大豆………1袋

酢………………1/2カップ

塩、こしょう…各適量

作り方

1　鶏手羽は、手羽先と手羽中に分け、一度熱湯で洗う。

2　鍋に鶏肉、酢、水煮大豆を入れ、フタをして約15分間中火弱で蒸し煮にする。

3　塩、こしょうで味を調える。

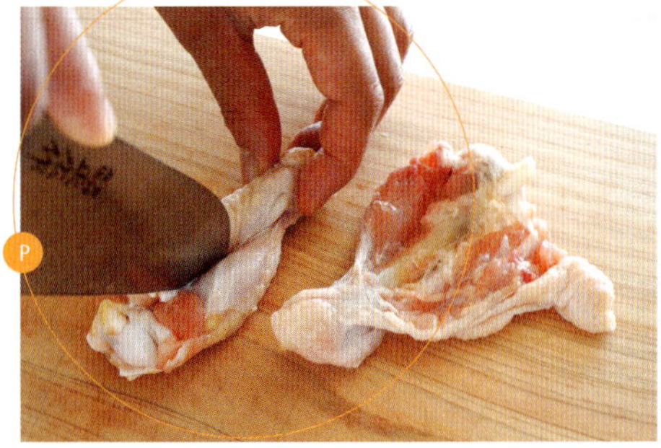

＊ Recipe Point ＊

手羽中は切り開く

鶏手羽など骨付きの肉は、骨にそって包丁で切り込みを入れて開いておく。骨や肉から旨味エキスが出て、調味料がしみ込みやすく、火の通りも早くなるので、完成時間が短縮できる。

ツナ缶でレンジシュウマイ

＊＊＊173kcal

材料（2人分）

シュウマイの皮…12枚
ツナ缶（小）……1缶
木綿豆腐…………1/2丁
玉ねぎ……………1/2個
A　ごま油…小さじ1
　　塩…小さじ2/3
　　こしょう…適量
片栗粉…………………大さじ1
レタスなどの葉野菜…少々
好みでからし…………適量

作り方

1　豆腐とツナ缶はしっかり水気をきり、Aを合わせてよく混ぜる。

2　玉ねぎは、粗みじんに切る。1と合わせ、片栗粉を加えてざっくり混ぜる。

3　2を12等分し、シュウマイの皮で包む。皮の中央に具をスプーンでのせ、まわりを立ち上げるようにして包むと、きれいな形になる。

4　耐熱容器にレタスなどの葉野菜を敷き、その上にドーナッツ状に3を並べ、葉野菜をかぶせる。さらにラップをかけ、電子レンジで約4分間加熱する。好みでからしをつける。

のり

のりはいちばん口にする機会の多い乾物ですね。
ちぎったり、あぶったり、ソースにだってなって
しまいます

のりのあんかけ

＊＊＊157kcal

材料（2人分）

サラミ…………3cm
もやし…………1袋
塩、こしょう…各適量
のり……………1枚
A　水…1カップ
　　しょうゆ・みりん…各大さじ1
水溶き片栗粉…大さじ1

作り方

1　サラミを細切りにしてフライパンで炒め、もやしを加える。強火で炒め合わせ、塩、こしょうをふって一度取り出す。
2　フライパンでAを合わせ、のりをちぎりながら加え、ひと煮立ちさせる。
3　水溶き片栗粉でまとめ、皿に盛った1の上にかける。

のりの炒め物

＊＊＊184kcal

材料（2人分）

のり………………2枚
玉ねぎ……………1個
にんじん…………1/2本
ソーセージ………4本
サラダ油…………少々
A　酒…大さじ1
　　塩…小さじ1/3
　　こしょう…適量
七味唐辛子………適量

作り方

1　玉ねぎ、にんじん、ソーセージは、食べやすい大きさに切る。
2　フライパンにサラダ油を熱し、にんじん、玉ねぎ、ソーセージの順に入れて炒める。
3　2にのりをちぎって加え、Aで調味して七味唐辛子をふる。

かんたん韓国のり

＊＊＊60kcal

材料（2人分）

のり……………2枚
ごま油…………大さじ1
塩………………適量
ごま……………適量

作り方

1　のりをさっとあぶる。
2　ごま油をさっと塗って、全体に塩、ごまをふる。

高野豆腐

良質な大豆タンパクの伝統的な保存食。戻してさっと煮るだけで、煮汁をたっぷり含んだひと品になります

高野豆腐と切り昆布の煮物

＊＊＊153kcal

材料（２人分）

高野豆腐………3 枚
切り昆布………2g
水………………2 カップ
塩………………小さじ 1/3
砂糖……………大さじ 1

作り方

1　高野豆腐は水につけて戻し、水気を軽く押さえてからひと口大に切る。
2　鍋に切り昆布、水、塩、砂糖を入れて火にかける。
3　高野豆腐を加え、中火で約 10 分煮込む。

納豆

納豆は汁気の多い料理には小粒や挽き割り、主材料には大粒を。添付のたれも、調味料がわりに使います

豚しゃぶ　納豆たれ

＊＊＊210kcal

材料（２人分）

豚薄切り肉……100 g
もやし…………1 袋
納豆……………1 パック
塩………………少々
A　しょうがのみじん切り…1 片分
　しょうゆ・酢…各大さじ 1
　砂糖…小さじ 1
　添付のたれ・添付の辛子…各 1 袋

作り方

1　熱湯に塩を加え、もやしをゆでてザルにあげる。
2　火を弱めて湯の温度を少し下げ、豚肉を泳がせる。色が変わったらすぐに冷水にとり、水気をきって皿にもやしとともに盛る。
3　納豆をよく混ぜ、A で調味してたれにする。食べるときに、豚肉ともやしにかける。

中華風納豆のサラダ

＊＊＊270kcal

材料（２人分）

納豆……………………………………2 パック
木綿豆腐………………………………1 丁
ほうれん草……………………………200g
たくわんなど歯ごたえがある漬物…50g
A　しょうゆ・ごま油… 各小さじ 1
　砂糖・塩…各少々
　添付のたれ…2 袋

作り方

1　ほうれん草をゆでて細かく刻み、漬物も刻む。豆腐は水きりして、1cm 角に切る。
2　納豆を混ぜ、A と 1 を混ぜ合わせる。

キャベツ

胃腸にやさしいビタミン類を多く含むので、
遅ごはんでたくさん食べても安心ですね

キャベツとわかめの蒸し煮

＊＊＊53kcal

材料（2人分）

乾燥わかめ………… 5g
キャベツ…………… 400g
ちりめんじゃこ…… 5g
塩…………………… 小さじ1/3
こしょう…………… 少々

作り方

1　キャベツをちぎり、サッと水にくぐらせて鍋に入れ、弱めの中火にかけ、フタをして蒸し煮にする。
2　香りが出たら一度火を止め、乾燥わかめ、じゃこを加える。
3　再び火にかけ、乾燥わかめが戻ったら塩、こしょうで味を調える。

＊ Recipe Point ＊

キャベツの保存法

カットしたキャベツは切り口が変色し、栄養も激減。できれば1個を食べきるのがベスト。そのためには外葉を捨てずに取っておき、球の外側からはがして使っていく。残ったものは外葉で包み、さらにぬらした新聞紙で包んで冷蔵庫の野菜室に入れる。外葉はビタミンAが豊富なので、最後に刻んで炒め物などに。

キャベツ炒めかつお節たっぷりのせ

＊＊＊87kcal

材料（2人分）

キャベツ………400g
塩………………小さじ 1/3
サラダ油………大さじ 1/2
こしょう………適量
酒………………大さじ 1
かつお節………3g

作り方

1 キャベツはひと口大にちぎって塩をまぶし、しばらくそのままに。
2 フライパンにサラダ油を熱し、1 のキャベツを炒める。こしょう、酒をふって味を調える。
3 器に盛り、かつお節をたっぷりとかける。

じゃがいも

煮ても、ゆでても、焼いても、
揚げてもおいしい！
先に食べておくと、少量でも満腹感に

じゃがいものガレット卵のせ

＊＊＊253kcal

材料（２人分）

じゃがいも……２個
粉チーズ………大さじ３
卵………………１個
塩、こしょう…各適量
サラダ油………大さじ１

作り方

1　じゃがいもはピーラーでスライスし、粉チーズを混ぜる。
2　フライパンにサラダ油を敷き、じゃがいもを広げて均一に入れる。
3　中火にかけ、こんがり両面を焼いて取り出す。
4　フライパンに薄く油を敷き、卵を割り入れて半熟の目玉焼を作る。３のガレットにのせ、塩、こしょうをふる。

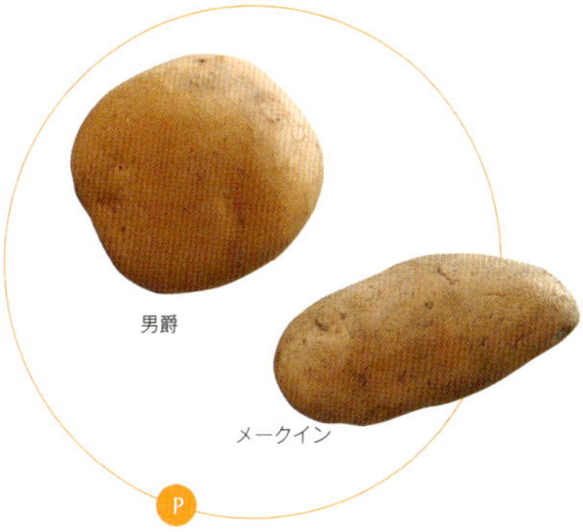

P

＊ Recipe Point ＊
じゃがいもの選び方
じゃがいもは料理によって、使い分けるとよりおいしさが堪能できる。コロッケやマッシュポテトなど崩して使う場合は男爵が好適。カレーやシチューなどの煮込みには煮崩れしにくいメークインがおすすめ。

レンジじゃがいもとツナ缶サラダ

＊＊＊250kcal

材料（２人分）

じゃがいも……２個
ツナ缶（小）…１缶
きゅうり………１本
塩、こしょう…各適量
葉野菜…………ひとつかみ
A　マヨネーズ…大さじ２
　　粉チーズ…大さじ１
　　塩・こしょう…各適量

作り方

1　じゃがいもは皮付きのまま電子レンジに約８分間かける。
2　熱いうちに皮をむき、粗くつぶしてツナ缶の汁、塩、こしょうで調味する。
3　２にツナ、薄切りのきゅうり、葉野菜、Aを加えてざっくり混ぜる。

玉ねぎ

玉ねぎに火を通すと、持ち味の甘味が引き出されます。
合わせる素材の旨味も吸収しやすい！

輪切り玉ねぎのこんがりステーキ

＊＊＊155kcal

材料（２人分）

玉ねぎ…………２個
ベーコン………２枚
塩、こしょう…各適量
わさび、しょうゆ…適量

作り方

1　玉ねぎは 1cm の輪切りにする。
2　フライパンにベーコンを入れ、脂が出てきたら玉ねぎを加えてこんがりと焼き、塩、こしょうをふる。
3　好みでわさびしょうゆをつける。

玉ねぎと魚の甘酢でさっぱり

＊＊＊299kcal

材料（２人分）

魚の切り身（さばなど好みのもの）……１切れ
玉ねぎ…………1/2 個
かぼちゃ………200 g
A　酢…大さじ３
　しょうゆ…大さじ２
　水…大さじ１
　砂糖…小さじ１
みょうが………1/2 個
しょうが………１片
青じそ…………３枚

作り方

1　魚は大きめに切り、軽く塩、こしょう（分量外）をふる。玉ねぎは厚めの輪切り、かぼちゃはくし形切りにする。
2　みょうがとしょうがはせん切り、青じそは粗みじんに切る。
3　フライパンに１の野菜を入れ、中火でこんがりと焼いて取り出す。次に、魚も同じようにする。
4　A をひと煮立ちさせて３を戻し、再びひと煮立ちしたら、火から下ろす。器に盛り、香味野菜を散らす。

column

ここにも Chinamism! これがあるから遅ごはんも楽しい！

ナッツ・豆・ごま

料理にパラパラと加えて、おいしく食べて元気に！

ナッツも豆もごまも、良質の植物性脂肪をたくさん含んでいるので、とっても体にいいんです。他に、タンパク質やビタミン類、ミネラルや食物繊維なども多く含み、ぜひ料理に加えたいおすすめ食品ですね。また滋養に富み、疲労回復に優れた効果を発揮します。ですから「疲れたなぁ」と感じたら、いつもの料理に加えたり、トッピングとしてパラパラふりかけてみてください。翌日の疲労回復度が、ぐ～んと違ってきます。

遅ごはんには、短時間調理ができる食材を選んで

もちろん栄養だけでなく、香ばしい香り、食材自身のもつ甘味も魅力ですね。シンプルな料理だって、あっという間にコクのある味わいになってしまいます。まさに「遅ごはん」向きですね。私は、普段、おつまみで食べている、ピーナッツやアーモンド、炒り大豆なども、料理によく使います。そのままでも食べられるものですから、加熱時間も短時間でOK。多少固くても、カリカリとした食感を楽しめばいいし、柔らかくなればホロホロと煮豆のように味わえばいい。どちらも、とってもおいしいですよ。

豆も乾物から使うとなると、一昼夜かかってしまうことだってあります。そこで水煮になっているものや、煮る時間が短いものを活用。帰宅後、鍋に入れて火にかけてしまえば、案外手間いらず。煮ている間に、着替えたりお化粧を落としたり。いろいろなことを片付けてしまいます。すっきり一段落した頃に、できあがるようにすれば、あとはゆっくりと味わうだけ。量感も出るので、充実した満腹感も得られます。

これが私の定番たちです

黒ごま、白ごま、アーモンド、ピーナッツ、レンズ豆。料理に加えるだけで、風味がアップ。ミスマッチと思いがちな和食とも相性がいい。

1分cook

遅ごはんにおすすめの一品！

香ばしさを砂糖でコート。辛い唐辛子と不思議に合う！

ピリッとアーモンド

＊＊＊ 182kcal

材料（2人分）

- 粒アーモンド（無塩）…50g
- ピーマン…3個
- 赤ピーマン…1個
- A 砂糖…大さじ1
  水…小さじ1
- サラダ油
- 七味唐辛子…適量

作り方

1. ピーマンは、アーモンドの大きさに合わせて切る。
2. 鍋にAを入れ、中火にかけて完全に溶けたらアーモンドを加え、ざっとからめて火から下ろす。
3. 手早く混ぜて全体を白っぽくし、七味唐辛子をふる。
4. ピーマンをサラダ油で炒め、アーモンドと混ぜる。

Part2

明日が元気！　酵素いっぱいレシピ

海藻類をプラスする

のりや昆布、乾燥わかめなど、乾物の海藻類にも酵素はふんだんに含まれています。戻してサラダや和え物といった具合に、いろいろな食べ方で楽しんでください。面倒なときは、トッピングとして、仕上げにのりをふりかけるだけでも十分！

新鮮食材をたっぷりと

生野菜だけをたくさん食べるのは大変と考えるなら、他の酵素いっぱいの食材と合わせた料理を考えましょう。刺身などの生鮮食品、みそやチーズなどの発酵食品も酵素に満ちた食材です。上手に組み合わせれば、和風と洋風どちらの味でも楽しめます。

夜のフルーツも効果的

フルーツは、食べる時間帯で「朝＝金、昼＝銀、夜＝銅」といいますが、フルーツも酵素が豊富なので、むしろ夜に食べれば翌日の活力になります。
とはいっても、できるだけ糖分の少ないものを選ぶようにしましょう。

>>>Chinamism

どんなに忙しくても、元気に毎日を過ごせるのは、
遅ごはんで酵素をたっぷりといただくからかもしれません。
酵素は、体内の消化と代謝にとっても大切で、生命になくてはならない物質。
その上、血液をさらさらにし、余分な脂肪分を体の外に出してくれるので、
アンチエイジングやダイエット効果も期待できます。
でも酵素は熱に弱いので、加熱すると消えてしまうのが欠点。
そこで野菜やフルーツ、魚、海藻、乳製品などを、
生のままたっぷりと使って料理に仕上げます。
調味料のみそやしょうゆ、漬物、納豆などは
発酵食品なので、これらにも酵素はたっぷりです。
わが家の遅ごはんのテーブルには、温と冷二つの料理が、必ず登場します。

レタスやきゅうりなど定番の生野菜やのりは、酵素の宝庫。しっかりと水で冷やしてから、疲労回復に効果的な豚肉と合わせます。

なんちゃって韓国風サラダ

＊＊＊263kcal

材料（2人分）

サニーレタス…1/2株
きゅうり………1本
長ねぎ…………4cm
豚薄切り肉……100g
のり……………1枚
ごま……………小さじ1
A　塩…少々
　　こしょう…適量
　　ごま油…大さじ1

作り方

1　ボウルに張った水に、使う野菜を一度浸す。
2　サニーレタスをザルに移して水気をさっときり、ザルの中でひと口大にちぎる。再度、水気をきり、ボウルに盛る。
3　ボウルの上で、きゅうりとねぎは食べやすい大きさに切る。
4　沸騰させた熱湯に豚肉を1枚ずつ泳がせ、色が変わったら引き上げる。水気をきり、生野菜にのせる。
5　ごまを散らし、Aをふりかけ、全体を和える。仕上げに、ひと口大にちぎったのりを散らす。

＊ Recipe Point ＊

まな板いらずのサラダ

レタスを盛った上で、直接、きゅうりやねぎをカット。形は気にせずに、全体に散らしていく。まな板を使わないので、後片付けも楽々。

ごぼうの生サラダ

＊＊＊89kcal

材料（2人分）

ごぼう…………1/2本

たらこ…………30g

A　|酢・マヨネーズ…各大さじ1

作り方

1　ごぼうをきれいに洗い、斜め薄切りにしてから細切りにする。

2　たらこは薄皮を除いてほぐし、Aと合わせる。

3　1と2を混ぜ合わせる。

元気のもと！

ごぼうは細かく刻めば、水につけてアク抜きをしなくても大丈夫。その分、完成までのスピードがアップします。

魚肉ソーセージと玉ねぎのサラダ

＊＊＊82kcal

材料（2人分）

魚肉ソーセージ…1/2本

玉ねぎ…………1/2個

ほうれん草……200g

しょうゆ………大さじ1/2

酢………………大さじ1

作り方

1　玉ねぎと魚肉ソーセージは薄切り、ほうれん草はざく切りにする。

2　玉ねぎは酢を混ぜてしっかりもみ、汁気を絞ってほうれん草と魚肉ソーセージを合わせ、しょうゆで調味する。

元気のもと！

酵素の多い生のほうれん草や玉ねぎ、しょうゆや酢で作ります。全体をしっかりもんで、アクを出しながら味を浸透させましょう。

魚の刺身和え みそ風味

＊＊＊182kcal

材料（２人分）

刺身の盛り合わせ（好みのもの）…２人分
きゅうり……………………………………１本
乾燥わかめ…………………………………5g
A　みそ…大さじ１
　　ごま…小さじ１
わさび………………………………………適量

元気のもと！

生の魚や海草、みそは、酵素をたくさん含んだ逸材です。下処理のいらない刺身を使い、みそで和えるだけで上品な一品になります。

作り方

1　きゅうりは薄切りにする。乾燥わかめに熱湯をかけて戻し、すぐに水にとって絞る。
2　ざるに刺身を並べ、全体に熱湯を回しかける。
3　Aを合わせ、１と２を和える。器に盛り、わさびをあしらう。

＊ Recipe Point ＊

刺身に熱湯をかける

遅い時間の刺身は、鮮度が気になるもの。そこで熱湯をかけて霜降り状態にすれば、臭みがなくなり、安全な状態になる。

1分cook

水菜の塩昆布もみ

＊＊＊17kcal

材料（２人分）

水菜……………1束
塩昆布…………10ｇ

作り方

1　水菜はざく切りにする。
2　塩昆布を加え、混ぜながらもむ。

元気のもと！

材料も調理もとてもシンプルな一品。塩昆布が、食材、だし、調味料と何役もこなします。

さきいかと大根のもみもみ

＊＊＊59kcal

材料（２人分）

さきいか………10ｇ
大根……………400ｇ
塩………………小さじ1/2
ごま……………小さじ1

作り方

1　大根は短冊切りにする。
2　さきいかをさらに細くさき、大根とともに塩でもむ。
3　しっかり水気を絞り、ごまを混ぜる。

元気のもと！

さきいかをさらに細かくさいて、旨味や塩分を大根に移行させます。ポイントは、しっかりもむこと。大根の葉を混ぜてもOK。

豪華な奴

＊＊＊279kcal

材料（２人分）

木綿豆腐…………１丁
アボカド…………１個
しょうが…………１片
長ねぎ……………4cm
青じそ……………２枚
プチトマト………４個
ちりめんじゃこ…5g
A　｜しょうゆ・酢…各大さじ１

作り方

1　アボカドは半分に切って種を除き、皮をむいて1cm 角に刻む。
2　しょうが、青じそはみじん切り、長ねぎは小口切り、プチトマトは食べよい大きさに切る。
3　１、２、じゃこ、Ａを混ぜ合わせる。
4　豆腐を奴に切り、器に盛って３をのせる。

元気のもと！

多彩な具を豆腐に山盛りにのせて、豪華で量感あるひと皿に。森のバターといわれるアボカドで、よりパワーアップ！

牛乳スープ

＊＊＊216kcal

材料（2人分）

牛乳……………2カップ

卵………………1個

塩、こしょう…各適量

粉チーズ………大さじ2

酢………………大さじ3

作り方

1　ミキサーに材料を入れ、スイッチON。なめらかになるまで混ぜ合わせる。

元気のもと！

まるでミルクセーキのスープバージョンといったところ。さっぱりとしながらもミルキーな味わいです。

にんじんと絹ごし豆腐のポタージュ

＊＊＊216kcal

材料（2人分）

にんじん………1/2本

絹ごし豆腐……1/2丁

塩………………小さじ1/3

みりん…………小さじ1

水………………1/4カップ

作り方

1　ミキサーに材料を入れ、スイッチON。なめらかになるまで混ぜ合わせる。

元気のもと！

やさしいサーモンピンクのスープは、にんじんと豆腐が合わさって濃厚なディップのような口当たり。

column

ここにも Chinamism!　これがあるから遅ごはんも楽しい！

乳製品

乳製品は低カロリーのものを。これで遅い時間に食べても安心

料理に旨味やコクを加えたり、クリーミーな煮物に仕上げたり、そのままいただいたり。乳製品って、意外に登場回数が多い食材ですよね。カルシウムやミネラルなどが豊富な完全栄養食なので、毎日少しずつでもとりたい食品です。
でも、難点はカロリーが高めということ。「遅ごはん」でいただくときは、できるだけ低カロリーのものを選びましょう。そうすれば、多少、こってりとクリーミーなメニューだって、安心して食べられますものね。例えば、牛乳は低脂肪乳や脱脂粉乳がおすすめ。わが家では、よく赤ちゃん用の粉ミルクをお湯で溶いて飲んだりするのですが、ビタミンB1がたっぷり含まれているので、体の疲れを取り除いてくれるし、脳の活性化にも効果を発揮してくれます。

旨味成分がいっぱいのチーズは、たっぷりの野菜と一緒に

そして、私と主人の食卓に欠かせないのがチーズ。特に主人はチーズが大好きで、おいしそうなものや珍しいものを見つけると、それに合いそうなパンと一緒に買ってきてくれます。そうなるとワインで乾杯！ となるわけですが、「遅ごはん」なので、薄切りのパンとともに、たっぷりの野菜を合わせます。これだけでも十分幸せな気持ちになれますね。
チーズはグルタミン酸など旨味成分の宝庫でもあるので、料理に加えてもいいし、こんがり焼いてもおいしいですね。私は、粉チーズを和食の仕上げにかけたりします。え～っと驚かれるのですが、意外に旨味の相乗効果で、味わいがアップするんです。

ヘルシーな料理にはかかせません
遅ごはんでも大活躍の脱脂粉乳、低脂肪乳、プレーンヨーグルト、粉チーズ、プロセスチーズ、ブルーチーズ。そのままワインと楽しんだり、フルーツと合わせたり、もちろん料理に加えたり。

遅ごはんにおすすめの一品！

簡単フレッシュチーズ。温・冷どちらも美味

牛乳チーズ

＊＊＊ 172kcal

材料（2人分）

牛乳……………2カップ

A　塩…少々
　　酢…大さじ1

りんご…………1/2個

セロリ…………1/2本

塩、黒こしょう…各少々

作り方

1　鍋に牛乳を注ぎ、Aを入れる。

2　静かに弱めの中火にかけ、分離したらペーパータオルにすくい取って水分を抜く。

3　りんご、セロリは薄切りにし、塩、黒こしょうで調味した2とともに皿に盛る。

Part3

手間なし！　ひと鍋クッキング

>>>Chinamism

遅ごはんで面倒な物のひとつに、後片付けがあります。
疲れているからこそ、洗い物はできるだけ少なくしたい。
それには調理道具、いただく食器はできるだけ少なくしましょう。
ひと鍋で完成できる料理なら、いちばん気軽ですね。

和風の煮物が、
最後にふる粉チーズで一気に洋風に。
すべての旨味が合わさった結果は、
絶妙の味！

ちくわと大根の煮物

＊＊＊111kcal

材料（２人分）

ちくわ…………２本

大根……………400 g

A
水…２カップ
しょうゆ…大さじ２
砂糖…大さじ１

粉チーズ………大さじ１

作り方

1　大根は乱切りにし、ちくわは斜め切りにする。

2　大根を鍋に入れ、フタをして中火で蒸し煮にする。

3　水分が飛んだら、Ａを加えてひと煮立ちさせ、ちくわを入れる。大根がやわらかくなるまで煮る。仕上げに粉チーズをふる。

＊ Recipe Point ＊

大根はゆるやかな斜め乱切りに

大根は、カットした面を大きくするために、ゆるやかな斜め乱切りにする。こうしておくと短い時間でも味がしみ込み、やわらかくなる。

豆腐ときのこの黄金の低カロリー食材で、
ほっとする味わいの一品をつくりましょう

ぷるるん豆腐のなめこ煮

＊＊＊214kcal

材料（２人分）

絹ごし豆腐‥‥400g
なめこ‥‥‥‥１袋
しいたけの薄切り…5g
しょうゆ‥‥‥大さじ２
みりん‥‥‥‥大さじ２
水溶き片栗粉‥小さじ２

作り方

1　鍋に80℃くらいの湯を張り、豆腐を温めて器に移す。

2　鍋にしいたけ、しょうゆ、みりんを入れ、ひと煮立ちさせる。なめこを加え、さっと煮て水溶き片栗粉でとじる。

3　１の豆腐に２のあんをかける。

もやしと厚揚げの炒め煮

＊＊＊262kcal

材料（２人分）

厚揚げ……………………２枚
もやし……………………1/2袋
ほたて（ゆでたもの）…３個
長ねぎ……………………10cm
しょうが…………………１片
Ａ　水…大さじ２
　　しょうゆ・みりん…各大さじ１
水溶き片栗粉…大さじ１

作り方

1　ほたてはひと口大に切り、ねぎは輪切り、しょうがはみじん切りにする。
2　フライパンに湯を沸かし、厚揚げを入れて油抜きする。ザルに上げて水気をきり、ひと口大に切る。
3　フライパンの湯を捨て、厚揚げ、もやしを入れ、フタをして蒸し焼きにする。
4　ほたて、しょうが、Ａを加え、さっと火を通して水溶き片栗粉を回し入れてとじる。仕上げに、ねぎをあしらう。

贅沢なほたてのエキスが、シャキシャキのもやし、香ばしい厚揚げにも伝わります

5分cook

白菜と豚肉のあつあつ蒸し煮

＊＊＊140kcal

材料（２人分）

白菜……………500 g
豚挽き肉………100 g
塩………………小さじ 1/2
こしょう………少々

作り方

1 鍋に挽き肉を入れ、炒って余分な脂を出す。
2 白菜はざく切りにし、脂をふき取った1の鍋に押し込むように入れる。
3 塩をふり、フタをして弱火で約５分間、その後は中火にして様子を見ながら蒸し煮にする。
4 煮えたら、鍋底から返すようにして全体をよく混ぜる。食べるときにこしょうをふる。

道具いらずのスピード蒸し煮。
白菜は蒸すと甘みがアップし、
栄養分はそのままかわりません

＊ Recipe Point ＊

①炒って挽き肉の余分な脂を出し、ペーパータオルで押さえるようにしてふき取る。

②白菜を、鍋に押し込む。水は加えないが、白菜の水分が出て次第にしんなりとしてくる。

鶏肉とじゃがいものトマト煮

＊＊＊277kcal

材料（２人分）

鶏手羽元………４本
塩………………小さじ 1/2
こしょう………適量
じゃがいも……２個
トマトの水煮缶…200g
にんにく………１片
赤唐辛子………１本

作り方

1 じゃがいもは、皮ごと厚めの輪切りにする。
2 鶏手羽元に塩、こしょうをふり、鍋に移して１とつぶしたにんにく、丸ごとの赤唐辛子を入れる。
3 フタをして弱めの中火で蒸し焼きにし、火が通ったらトマトの水煮を入れる。塩、こしょうで調味し、再び約５分間煮る。

column

ここにも Chinamism!　これがあるから遅ごはんも楽しい！

ハーブ・スパイス

料理の香りはフレッシュハーブで

わが家の庭にはいつもハーブがいきいきと育っています。季節によって、いろいろな香りが楽しめるのですから、とっても贅沢なことね。実は、昔からハーブが大好きで、以前、マンションに住んでいた頃も、ベランダのプランターに植えて楽しんでいたほどです。
ですから料理には、いろんなハーブをプラスして、オリジナリティーを出すことがとっても大好きなんです。とはいっても、私の料理は調味がとってもシンプル。ほとんどの場合、塩を中心にこしょうやしょうゆを加えるくらいですから、ポイント的な風味づけということになりますね。

味の決め手は塩＆刺激系スパイス

塩はいろいろな種類を用意しています。下ごしらえ用の粗塩から下味をつける精製塩、味を決めるときには、ミネラルたっぷりの藻塩やフランス産『ゲランドの塩』といった具合です。最後の仕上げを甘味のある天然塩にすると、シンプルな調味でも、料理に奥行きが出てきます。
料理の香りはハーブに任せるとして、引き締め役には、やはりシャープな味のスパイシーなものが欲しくなります。そこで黒こしょうやカレー粉、唐辛子など、ちょっぴり刺激的な味をプラス。スパイスの効能で血行がよくなり、「体のコリがやわらぐ」効果も期待できます。

↗
スパイスの基本は、やっぱり塩！
遅ごはんの基本はシンプル。調味料だって塩を軸にして考えていく。だから塩は天然塩から精製塩まで何種類も揃え、料理によって使い分ける。

こしょうを多めにふって香りが立つと、
贅沢な気分になる

スパイシーな風味は、
疲れているときに癒し効果とパワーをくれる。

手塩をかけて庭で育てたハーブは、
大切に、大切に使っている。

Part4

安心の超低カロリー主菜食

Chinamism

できれば、遅ごはんでは炭水化物は控えてほしい。
でも、ひと口だけでも口にすると不思議に落ち着くものです。
ここでは本当に低カロリーのごはんや麺類をご紹介。
どうぞ、安心して召し上がれ！

油なしでもコクと量感は満点。
最後に酒をふると、ふんわり
食感に仕上がります

わかめ入り炒飯

＊＊＊382kcal

材料（２人分）

ご飯……………300ｇ
乾燥わかめ……５ｇ
しょうが………１片
玉ねぎ…………1/2個
卵………………１個
グリンピース…30ｇ
酒………………大さじ１
塩………………小さじ1/4
こしょう………少々
しょうゆ………大さじ１

作り方

1　しょうがはみじん切り、玉ねぎは粗みじんに切る。
2　熱したフライパンに、溶き卵を流して手早く混ぜる。
3　半熟の状態で温かいご飯を入れ、手早く炒める。
4　わかめを合わせ、凍ったままのグリンピースも加え混ぜる。
5　１を加え、塩、こしょうで調味する。仕上げにしょうゆを鍋肌から回し入れ、ざっと混ぜて、酒をふる。

フライパンをよく熱し、ノンオイル状態のところに卵を流して手早く炒める。

カレーライスの具で作る、今までにない味わい
のスパイシーなご飯。本当に具だくさん！です

ごはんのカレー炒め

＊＊＊497kcal

材料（２人分）

ご飯··········300 g
鶏もも肉······1/2 枚
にんじん······50 g
玉ねぎ········1/2 個
じゃがいも····1 個
サラダ油······大さじ 1
カレー粉······大さじ 1
塩············小さじ 1/2
こしょう······少量

作り方

1 鶏もも肉はひと口大に切り、にんじん、玉ねぎ、じゃがいもは小さく切る。

2 フライパンにサラダ油を熱し、鶏肉、じゃがいも、にんじん、玉ねぎの順に炒め合わせる。

3 火が通ったらカレー粉、塩で調味し、ご飯を加える。ご飯がパラパラになったら、こしょうをふって風味をアップさせる。

＊ Recipe Point ＊

カレーの下ごしらえと同じように、野菜をしっかりと炒め合わせる。鶏の脂があるので、ノンオイルでも大丈夫。

にんじんをご飯に混ぜ込むと彩り豊か。トマトや生ハムを散らしてイタリアンサラダ風に

サラダずし

＊＊＊413kcal

材料（２人分）

ご飯……………………………… 350g
にんじん………………………… 50g
きゅうり………………………… 1/2 本
トマト…………………………… １個
生ハム…………………………… ４枚
サニーレタス…………………… ４枚
ベビーリーフなど好みの葉野菜 … 適量
A　酢…大さじ３
　　砂糖…大さじ１
　　塩…小さじ１/2
粉チーズ………………………… 大さじ２
ごま……………………………… 小さじ１

作り方

1　にんじんは皮をむき、おろし金ですりおろす。
2　きゅうりは角切り、トマトはくし形切りにし、生ハムは食べやすく切る。サニーレタスは適当なひと口大にちぎる。
3　温かいご飯におろしたにんじんとAを加え、混ぜ合わせる。
4　3に2と葉野菜をのせ、粉チーズとごまをふる。

元気になるねばねば素材を丼に集めました。ご飯にたっぷりかけて、豪快にかき込むのが一番おいしい！

ねばねば系の集合丼

＊＊＊315kcal

材料（２人分）

納豆……………１パック
オクラ…………６本
めかぶ…………１パック
のり……………１枚
長いも…………100g
しょうゆ………適宜
からし…………適量
ご飯……………茶碗２杯分
みょうが………１本

作り方

1 オクラは硬いヘタの部分を除き、小口切りにする。長いもは皮をむき、1cm角に刻む。
2 納豆をしっかり混ぜ、オクラ、めかぶ、長いもを混ぜる。
3 ご飯の上に刻みのりをのせ、好みでからしを置いて２をかける。
4 食べるときに刻んだみょうがとしょうゆをかける。

さきいか入りつゆ素麺

＊＊＊516kcal

材料（２人分）

さきいか……………5g
しいたけ……………２枚
乾燥わかめ…………4g
きゅうり……………１本
トマト………………１個
スモークサーモン…４枚
みりん………………1/4カップ
水……………………１カップ
しょうゆ……………1/4カップ
素麺…………………４束
好みのハーブ………適量

作り方

1 しいたけは薄切りにする。乾燥わかめは水で戻し、水気をきる。きゅうり、トマトは食べやすい大きさに切る。
2 みりんをひと煮立ちさせ、さきいかとしいたけ、水、しょうゆを入れて再び煮立て、弱火で２～３分煮て冷ます。
3 素麺をゆで、流水にさらす。
4 皿に水気をきった素麺、野菜、わかめ、スモークサーモンを盛り合わせ、ハーブを散らす。

＊ Recipe Point ＊

簡単つゆのとり方

さきいかとしいたけを、しょうゆやみりんに加えて２～３分間煮るだけで、本格的なつゆに。さきいかは、すでに刻まれて旨味が出やすい状態。しいたけは、薄切りにして冷凍しておいたものを使うと、組織が壊れてだしが短時間でとれる。

にらたっぷりビーフン

＊＊＊361kcal

材料（2人分）

ビーフン………100g
ごま油…………小さじ1
豚肉……………50g
にんじん………1/3本
玉ねぎ…………1/4個
にら……………1束
もやし…………1袋
A　砂糖・塩…各小さじ1/2
　　黒こしょう…適量
しょうがのせん切り…1片
ごま……………小さじ1
サラダ油………大さじ1

作り方

1 ビーフンを熱湯に入れ、指定の時間より短めにゆでる。ザルにとってごま油をまぶし、フタをして蒸らす。
2 にんじんは細切り、玉ねぎは薄切りにし、にらと豚肉はざく切りにする。
3 フライパンにサラダ油を熱し、豚肉、にんじん、玉ねぎ、もやし、ビーフンの順に加えて中火で炒め合わせる。
4 Aとしょうがのせん切りを入れ、最後ににらを混ぜ合わせてごまを散らす。

ビーフンはゆでてからごま油をまぶして蒸らしておくと、くっつくことなく炒められるんです

キャベツとブロッコリーのツナパスタ

＊＊＊ 389kcal

材料（2人分）

スパゲッティー…150g
塩…………………小さじ1
ブロッコリー……150g
キャベツ…………200g
トマトの水煮缶…200g
ツナ缶（小）……1缶
オリーブ…………4粒
バジル（乾燥）…少々

作り方

1 ブロッコリーは小房に分け、キャベツはひと口大に切る。
2 沸騰した湯にスパゲッティーを入れ、ゆで上がる2分くらい前にブロッコリーとキャベツを加える。手早くザルに上げ、水気をきる。
3 フライパンにトマトの水煮缶、ツナ缶ともに汁ごと入れ、ひと煮立ちさせる。適当な大きさに切ったオリーブを加え、2のゆでた野菜とスパゲッティーを手早くからめる。
4 仕上げにバジルをふる。

缶詰の旨みの溶け出した汁も、
大切な調味料にしてしまいましょう。
野菜はお好みのものを

マカロニシチュー

＊＊＊ 423kcal

材料（2人分）

マカロニ………80g
ブロッコリー…1/2個
鶏もも肉………1/2枚
にんじん………1/2本
玉ねぎ…………1個
水………………11/2カップ
牛乳……………1カップ
塩………………小さじ2/3
こしょう………少々

作り方

1 にんじんは輪切り、玉ねぎはくし形切りにし、ブロッコリーは小房に分ける。鶏肉はひと口大に切る。
2 鍋に水、にんじん、玉ねぎ、鶏肉、マカロニを入れ、途中でアクを取りながら中火で約10分間煮る。
3 最後にブロッコリー、牛乳を加え、塩、こしょうで味を調える。

具もマカロニも一気に
煮てスピード調理。
10分ちょっとで、
クリーミーシチューが

ここにも Chinamism!　これがあるから遅ごはんも楽しい！

週末に時間ができたら、保存食作り！

保存食作りはリラックスタイム

土曜日とか日曜日に時間が空くと、私は保存食作りに、せっせと励みます。コトコト煮詰まっていく鍋を見ていると、つかの間、ほっと安らぎを感じたり。そんな穏やかな気持ちでできる保存食は、不思議なことにすごくやさしい味に仕上がります。私がよく作る保存食は、いちばんにジャム。フルーツや野菜がいっぱい手に入ったら、必ず作ります。

作り置きの隠しだまで、本格料理

冷凍保存が可能なベースやだしなども、まとめて作っておきます。これが「遅ごはん」の“隠しだま”となって大活躍。料理を本格的な味にするのに、欠かせないものばかりです。例えばトマトのジャムやバジルは、加えるだけでイタリアンに。両方ともパスタに使うと、シンプルなソースがわりになります。
フランス料理で、スープやソースのベースとしてかかせない香味野菜の集合“ミルポワ”も作り置き。とっても簡単で、玉ねぎとにんじん、セロリのみじん切りを煮詰めて冷凍保存するだけです。あまっている端野菜も入れちゃいましょう。プロは、漉してしまいますが、せっかくの野菜の旨味エキスを捨てるのはもったいない。そのまま煮込んでいただいてもOKです。同じくフランス料理でソースや詰めものに使うのが、“デュクセル”。きのこや玉ねぎなどのみじん切りを、水分がなくなるまで炒めておいしさを凝縮します。最後に和風の隠しだまが“塩そぼろ”です。合挽き肉と玉ねぎを、汁気がなくなるまで炒め合わせます。ご飯にも料理にも相性ぴったりです。

手作りの隠しだま

手前は左から
デュクセルとミルポワ２種。
ミルポワは材料の割合によって、色が変わる。
他に常備品の定番、塩そぼろ、トマトジャム、バジルペースト

市販の
隠しだま
↘

どうしても作るのが面倒なものは、市販品を活用。海藻ふりかけ、塩昆布、粒さんしょう、粒マスタード、アンチョビー、トマトの水煮缶、フォン・ド・ボー、煮物用だし、白だし。アンチョビー、トマトの水煮缶、フォン・ド・ボーは、あまったら冷凍保存しておくと便利。

Stock Foods for Oso Gohan

浜　内　家　の
ら　く　ら　く　食　材　た　ち

レトルトやスープの素を賢く利用

わが家でも本当に忙しいときは、レトルト食品やインスタントのスープの素を使うこともあります。すぐにできるので、まさに“最速球”！　多少の調味程度でいただいたり、これをベースにしていろいろな具材を加えたりと、そのときどきで使い方はさまざまです。いろいろなスタイルに変身でき、うれしいことに低カロリー。しかも長期保存ができるのも、「遅ごはん」派には強味ですよね。キッチンの裏にある、食料のストックスペースの最上段が定位置。ここなら、すぐに取り出して使えます。

素材の味を生かしたものを選んで

とはいっても、何でもよいわけではありません。余分な添加物が入っていない、できるだけ天然素材のものを選んでください。やはり体にやさしい、負担をかけないものが、食の基本ですものね。おすすめはフリーズドライの雑炊、わかめやめかぶなどの海藻スープ、レトルトの白がゆなど。どれも素材の旨味を生かし、そのまま単品でもおいしく味わえます。海藻スープは、だしがわりに使っても効果的です。雑炊やおかゆには、野菜や海藻をたっぷり合わせてもいいですね。
他にもだし＋食材として使う「おりこう食材」は、棚に並べておきます。こうしておけばいつでも使え、この食材と合わせてみようとか、多彩なアイデアが湧いてくるはずです。

↖
最速球！
の食材たち

雑炊、おかゆ、いろいろな海藻スープなど。
いちばん取り出しやすい場所に常備しておく。

ひじき、わかめ、昆布などの海藻、きのこ類など、だしがとれる「おりこう食材」は、
びんに入れて見えるようにしておく。かんぴょうなど、ほかの乾物も同じように。

浜内 千波（料理研究家）
1955年徳島県生まれ。大阪成蹊女子短期大学栄養科卒業。OL生活ののち、岡松料理研究所へ入所。1980年ファミリークッキングスクール開校。2005年東京・東中野にスクールとキッチンスタジオをオープン。2006年にはキッチン用品"Chinami"ブランドを立ち上げる。家族は愛夫と愛犬ミント。その暮らしから生まれるアイデアと『家庭料理をちゃんと伝えたい』という思いをベースに、料理からライフスタイルまでを提案。雑誌、ムック、書籍、テレビ、講演など多方面で活躍する。著書は『浜内千波のサラダ食堂』『浜内千波の暮らしカレンダー』（ともに扶桑社）、『浜内千波の朝ごはん』（保健同人社）など多数。現在『おもいッきりDON！』（日本テレビ）に隔週月曜日、生放送出演中。

浜内千波の 21時からの遅ごはん

STAFF

料理アシスタント	末永 みどり・矢澤 清夏（ファミリークッキングスクール）
カバー・本文デザイン	手塚 みゆき
スタイリスト	大島 菊枝
撮影	杉田 学
校正	（株）ライズ
編集協力	荒川 典子（AT-MARK）、宮川 継（編集室レテラ）
編集	佐伯 由紀子（保健同人社）

第1刷発行	2008年10月30日
第8刷発行	2009年 6 月20日
著者	浜内 千波
発行者	岩下 順二郎
発行所	株式会社保健同人社 〒102-8155　東京都千代田区一番町4-4 電話　03-3234-6111（代） 振替　00140-6-195185 ホームページ　http://www.hokendohjin.co.jp
印刷・製本	東京印書館

ISBN978-4-8327-0377-3